AF244889
L46
Lb
502

EXAMEN IMPARTIAL

DE

LA BROCHURE INTITULÉE:

RÉFLEXIONS

SUR L'INTÉRÈT GÉNÉRAL DE L'EUROPE.

Liste des diverses brochures composées par l'Auteur, depuis le mois d'avril 1814, jusqu'au 22 mars 1815 :

Observations sur le projet de la nouvelle constitution du 6 avril 1814.

Mon dernier mot, ou lois, proclamations et déclarations, suivant leur ordre chronologique, en réponse à plusieurs brochures qui ont paru depuis le 6 avril jusqu'au 20 mars 1814.

Bréviaire à l'usage de tous les peuples, suivi d'un projet de constitution.

Appel à la raison et à la vérité, dédié au Roi, aux pairs de France et aux députés des départemens.

Un petit mot sur les causes d'un grand évènement, suivi de la relation historique, des plaintes et des vœux du peuple français, et terminé par le prospectus d'une adresse aux habitans de l'ancien et du nouveau monde.

EXAMEN IMPARTIAL

DE

LA BROCHURE INTITULÉE :

RÉFLEXIONS

SUR L'INTÉRÊT GÉNÉRAL DE L'EUROPE,

SUIVIES

De quelques considérations sur la noblesse,
par M. DE BONALD.

PAR M. ROUYER,

Ancien jurisconsulte, auteur d'*Un petit mot sur les causes d'un grand évènement*, etc. etc.

« La vérité qui blâme est plus honorable que la
« vérité qui loue ; car la louange ne sert qu'à cor-
« rompre ceux qui la goûtent, et les plus indignes
« en sont toujours les plus affamés ; mais la censure
« est utile, et le seul mérite sait la supporter. »

HELVÉTIUS.

~~~~~~~~~~

A PARIS,

Chez l'Auteur, rue de Sèvres. n° 113, s'adresser au portier.
22 MARS 1815.
~~~~~~~~~~

AVERTISSEMENT.

La reconnaissance et la vérité m'obligent à faire, avant tout, les aveux que voici : le premier est que si j'ai gardé jusqu'à ce jour le silence sur les sophismes, les paradoxes et les erreurs que M. de Bonald a entassés dans sa dernière brochure, c'est parce que j'ignorerais encore jusqu'au premier mot de cet inqualifiable pamphlet, si M. F....., jeune homme plein d'esprit et de mérite, et très-partisan des idées libérales, ne m'en avait gratifié d'un exemplaire ; le second, qu'intimement convaincu de l'insuffisance de mes moyens, et jaloux néanmoins de combattre les hérésies de M. de Bonald avec un plein et éclatant succès, j'ai, en conséquence, puisé la majeure partie de mes raisonnemens et de mes preuves dans les ouvrages de Raynal, de Rousseau et de M. Delille de Salles, auteur de la *Philosophie de la nature.*

EXAMEN IMPARTIAL

DE

DE LA BROCHURE INTITULÉE :

RÉFLEXIONS

SUR L'INTÉRÊT GÉNÉRAL DE L'EUROPE.

—

La brochure de M. de Bonald, sur laquelle nous allons jeter un coup-d'œil, est généralement assez bien écrite ; mais elle fourmille de sophismes, de paradoxes et d'erreurs si attentatoires au progrès des lumières, à la liberté des peuples et au bonheur du genre humain, qu'on a peine à concevoir comment des hérésies de cette nature ont pu couler sous la plume d'un écrivain aussi distingué. Hâtons-nous d'en donner la preuve, en réunissant et rassemblant sous un seul et même point de vue, celles qui sans doute auront le plus indigné et révolté ses lecteurs.

Première hérésie.

« Il a fallu que les peuples de l'aquilon et de « l'aurore réunissent leurs forces pour rendre à la « France son pouvoir légitime. » (Page 18.)

Deuxième hérésie.

« Le jour que le dogme athée de la souveraineté
« du peuple aura remplacé dans la politique le
« dogme sacré de la Divinité ; le jour que l'Eu-
« rope aura cessé d'être chrétienne et monarchi-
« que, elle ne sera plus, et le sceptre du monde
« passera en d'autres mains. » (Pag. 22.)

Troisième hérésie.

« Quelque soit le sort qui est réservé à la France
« dans la pacification générale, qu'elle reçoive
« comme d'autres états un accroissement de terri-
« toire, ou qu'elle l'attende du temps et des évè-
« nemens, il est une autre puissance dont une
« haute politique demande plus que jamais l'affer-
« missement ; je veux parler de la puissance du
« saint siége : c'est de là qu'est venue la lumière ,
« c'est de là encore que viendront l'ordre et la
« paix des esprits et des cœurs. » (Pag. 49.)

Quatrième hérésie.

« Que tous les gouvernemens travaillent de
« concert à replacer sur ses bases antiques cette
« colonne (le saint siége) qui porte les destins de
« l'Europe ; à resserrer ce lien mystérieux de la
« société chrétienne qui unit entr'eux tous ses en-
« fans, et même ceux qui, en reconnaissant pour

« père commun le divin fondateur du christia-
« nisme, sont nés de mères différentes. (Pag. 49.)

Cinquième hérésie.

« Malheur à la société, si jamais des gouverne-
« mens égarés par des opinions fausses et étroites,
« ou de perfides intentions, oublient que la reli-
« gion, son chef et ses ministres doivent être in-
« dépendans des erreurs des gouvernans, des be-
« soins des administrations et des passions des hom-
« mes. » (Pag. 50 et 51.)

Reprenons ces cinq paradoxes qui nous ont
paru dignes de figurer avec éclat dans la multitude
innombrable de ceux dont fourmille le pamphlet
de M. de Bonald ; discutons-les de sang froid, et
voyons s'il en est un seul qui puisse soutenir les
regards de la raison, « cet instinct vierge et pur
« qui brille au fond des cœurs, comme le soleil au
« sein des mondes. »

Observations sur la première hérésie.

Les lois, l'expérience et la vérité nous attestent
de concert qu'il n'y a de pouvoir *légitime* que
celui qui est fondé sur un gouvernement national
et représentatif, c'est-à-dire sur la souveraineté et
la volonté d'un peuple libre. L'hommage trop tar-
dif, mais éclatant et solennel que l'empereur Na-

poléon et les couseillers d'état viennent de rendre enfin à cet axiome qui est aussi ancien que le monde, prouve évidemment que M. de Bonald, malgré l'étendue des connaissances qu'il peut avoir, est tout-à-fait dépourvu de celles qui sont indispensablement nécessaires lorsqu'on veut écrire sur la politique.

En effet, en supposant, contre toute vérité, que les *peuples de l'*aquilon *et de l'*aurore *se soient réunis dans l'*intention (*a*) *de placer sur le trône de France un roi de cette race antique et vénérée qui remonte au berceau de la monarchie* (pag. 18 et 47); en supposant, en outre, que par crainte, par ambition ou par tout autre motif, ces hautes puissances *aquiloniennes* et *auroéennes* aient fait, le 13 mars dernier, le serment de réintégrer Louis-Stanislas-Xavier sur le trône de ses ancêtres; en supposant enfin, mais toujours par impossible, ou du moins contre toute vraisemblance, qu'elles fissent en ce moment de nouvelles tentatives, et même qu'elles parvinssent à voir

---

(*a*) Une preuve avérée que ni les peuples dont il s'agit ni leurs monarques n'ont jamais eu l'intention que leur prête si gratuitement M. de Bonald, c'est que le 19 mars 1814, époque précieuse à saisir, et onze jours conséquemment après celui où ils sont entrés dans la capitale, par l'effet de plusieurs causes que l'histoire ne tardera pas sans doute à révéler, les hautes puissances invitaient et pressaient encore l'empereur Napoléon à faire la paix avec elles.

couronner leurs efforts d'un plein succès, nous osons prédire et protester à M. de Bonald, au risque de lui déplaire et à tous les illustres personnages de sa caste, que dans 'le cas même où nos suppositions et nos hypothèses se convertiraient en certitudes et en réalités, toutes les puissances du ciel et de la terre, y compris les excommunications et les foudres du vatican, se réuniraient en vain *aujourd'hui* pour contraindre le peuple français à accepter une constitution, ou plutôt, et soyons plus exacts, une ordonnance purement royale et plus que monarchique, aussi incomplète, aussi défectueuse, aussi liberticide et aussi déplorable, à tous égards, que la charte dont MM. *Montesquiou, Blacas, Ferrand* ont jugé à propos de lui faire *concession* et *octroi* le 6 juin dernier, au mépris et contre l'expresse (a) volonté de leur maître ; *de leur* MAÎTRE : entendez-vous bien, monsieur de Bonald ?

Observations sur la deuxième hérésie.

Que des esclaves abrutis et de vils ilotes, pour

(a) Dans ses déclarations des 1er janvier et 3 mai 1814, Louis-Stanislas-Xavier, après avoir fait l'aveu le plus formel qu'*il ne voulait*, ne pouvait *remonter sur le trône de ses ancêtres que par les efforts, les vœux et l'amour du peuple français*, a ajouté qu'*il était résolu* d'admettre *et* d'adopter une *constitution* libérale *et sagement combinée, fondée sur un gouvernenent* représentatif, *divisé en deux corps, etc.*

qui l'erreur et la servitude sont un besoin, ne reconnaissent de pouvoir *légitime* que celui d'un despote, rien n'est plus simple, et certes nous aurions grand tort de leur en faire un crime ; mais qu'un Français, et un Français homme de lettres aussi recommandable que M. de Bonald, et qui devrait, à ces deux titres, chérir la liberté comme un amant aime sa maîtresse, se mette l'esprit à la torture pour essayer vainement d'asservir ses concitoyens et étouffer en eux jusqu'au dernier germe de la raison ; que, pour atteindre un but aussi pitoyable, il ose nous dire encore que le *dogme de la souveraineté du peuple est un dogme* ATHÉE (1) qui ne tend à rien moins qu'à méconnaître ou renier un Dieu dont le ciel et la terre proclament à chaque instant l'existence ; qu'empiétant enfin sur les droits de *Nostradamus* ou de *Mathieu Lamsbek,* il pousse l'ignorance ou le délire jusqu'à prophétiser que *le jour où l'Europe aura cessé d'être chrétienne et monarchique, elle* ne sera plus, *et que le sceptre* du monde (a)

(a) M. l'abbé de Montesquiou et quelques autres ministres, que Louis-Stanislas-Xavier avait, pour son malheur, investis de son entière et aveugle confiance, ont bien pu avoir assez peu de vergogne pour prétendre et prouver *constitutionnellement,* que les verbes *réprimer, admettre* et *adopter* sont synonymes des verbes *prévenir, concéder* et *octroyer;* mais il nous semble que M. de Bonald est inexcu-

passera en d'autres mains, oh! oh! oh! voilà de ces prophéties mensongères, extravagantes et ridicules à tel point, que tout homme de bon sens ne peut les lire sans hausser les épaules, sourire de pitié, et répéter, d'après Horace : *Risum teneatis amici.* Entendez-vous, monsieur de Bonald ? ,

Observations sur la troisième hérésie.

L'histoire ancienne et moderne nous apprend que jadis, comme aujourd'hui, le saint siége a *quelquefois* été occupé par des souverains pontifes, dont le génie, les vertus et même l'héroïsme sont véritablement au-dessus de tout éloge. Mais en conclure que *c'est* de là *qu'est venue la lumière, que c'est* de là encore *que viendront l'ordre et la paix des esprits et des cœurs,* ce serait tirer *de là* une conséquence absolument fausse, ainsi que nous le démontrerons bientôt, et qu'on ne pourrait admettre, pour peu qu'on eût quelqu'instruction, sans mettre une *sourdine* à sa conscience, puisque dix-huit siècles de malheurs en établissent et constatent la fausseté. Entendez-vous, M. de Bonald?

Observations sur la quatrième hérésie.

D'après l'excessive tendresse qu'a M. de Bonald pour le saint siége, et l'invitation presque mena-

---

sable, sous tous les rapports, de vouloir nous persuader que le mot *monde* signifie *Europe,* et que l'un et l'autre peuvent se prendre dans la même acception.

çante qu'il fait à tous les monarques de l'Europe, de décréter *l'indépendance de cette colonne qui porte les destins de l'Europe ;* comme nous avons tout lieu de croire qu'il est extrêmement dévot (*a*), et qu'à ce titre il ne doit pas avoir d'idées plus saines sur ce qui constitue la religion chrétienne proprement dite, que sur ce qui établit un pouvoir légitime, nous le prierons de vouloir bien nous permettre de lui établir, d'une manière sensible et palpable, la différence essentielle qui existe entre la religion *chrétienne,* c'est-à-dire SACERDOTALE, et la religion *catholique,* c'est-à-dire UNIVERSELLE, la seule dont Jésus-Christ ait réellement et effectivement été le fondateur.

Par religion chrétienne, M. de Bonald saura donc, ou d'autres l'apprendront pour lui, qu'il faut entendre celle qui donne aux hommes deux législations, deux chefs, deux patries, les soumet à deux pouvoirs contradictoires, et les empêche de pouvoir être à-la-fois dévots et citoyens : telle

---

(*a*) « On prétend , » a dit un des orateurs les plus éloquens de l'Assemblée constituante , « qu'on peut être *dévot* sans être « fourbe ou insensé : quand j'en aurai un exemple, je croirai « que cela n'est pas impossible , mais non pas que cela soit. « Jusque-là , » continue Mirabeau dans une de ses *lettres à Sophie,* autant que je puis m'en rappeler , « je suis intimement « persuadé que les vrais dévots sont, dans le fait, ou des « ignorans crédules , ou des hypocrites intéressés , ou d'a- « droits fripons. »

est la religion des Lamas, des Japonais et des *Chrétiens*, mais dans le sens et l'acception qu'il plaît à M. de Bonald de donner à ce dernier mot. Cette religion, que j'appelle d'après Rousseau (*a*), celle du *prêtre*, est mauvaise, d'abord, en ce qu'elle rompt l'unité sociale, et que toute institution qui met l'homme en contradiction avec lui-même, ne vaut rien ; elle est mauvaise encore, parce qu'étant fondée sur la révélation (2), c'est-à-dire sur des chimères et des impostures, elle trompe les hommes, les rend crédules, superstitieux, et noie le vraie culte de la Divinité dans un vain cérémonial. Elle est mauvaise enfin, en ce qu'étant exclusive et tyrannique, elle rend un peuple intolérant et sanguinaire, ensorte qu'il ne respire que meurtre et carnage, et croit faire une action louable en massacrant quiconque n'admet pas ses rites, ses dogmes et ses mystères (*b*). Eh ! comment pouvoir en douter, lorsqu'on considère que depuis l'établissement du saint siége jusqu'à la douloureuse et déchirante époque de la guerre de la Vendée, et exclusivement encore, ce qu'il est très-essentiel de

---

(*a*) *Voyez* son *Contrat social*, liv. IV, chap. 8.

(*b*) Les mystères sont une injure faite à la Divinité : tout doit être évident dans le culte qui nous lie au grand architecte de l'univers, comme dans les lois qui nous enchaînent à la société, et dans les maximes qui nous mènent à la vertu. Entendez-vous, M. de Bonald ?

faire observer, la religion sacerdotale ou du *prê-tre*, qu'enseigne, ordonne et consacre le saint siége, si cher à M. de Bonald, a occasioné l'égor-gement de treize millions neuf cent dix-huit mille individus de tout sexe et de tout âge? Mais faisons diversion, s'il est possible, à toutes les horreurs dont la religion dont il s'agit a été, depuis dix-huit siècles, la cause ou le prétexte, et prouvons à M. de Bonald qu'elle est diamétralement opposée à celle de *Jésus-Christ*, ce grand législateur qui parut au commencement de l'ère vulgaire; ce sage à jamais immortel et divin, pour ainsi dire, qui fut l'apôtre de la tolérance, accueillit les poly-théistes, excusa les erreurs, pardonna les fai-blesses, et ne tonna que contre les *prêtres*, parce qu'en général, et presque partout, ils ont été, en tout temps, les fléaux de l'espèce humaine.

Né chez un peuple où la religion consistait en cérémonies, et où les pratiques suppléaient aux vertus, Jésus-Christ fut religieux et se soumit à des cérémonies; il observa des pratiques, et ne voulut point les violer. Il prêchait la circoncision, et il se fit circoncire, parce qu'à ses yeux philoso-phiques, tout culte extérieur était indifférent; peu lui importait que le citoyen se reposât le jour de la lune ou le jour du soleil, pourvu qu'il payât le reste de la semaine, par son travail, le tribut qu'il devait à sa patrie; peu lui importait encore que le dévot s'imprimât des stigmates sur l'organe générateur, qu'il se baignât dans le Gange ou qu'il répandît sur sa tête de l'eau lustrale, pourvu qu'il fût humain, sensible et bienfaisant.

Supérieur à son siècle, et maître de subjuguer ses concitoyens par son éloquence, il aima mieux les rendre heureux que de les gouverner. Toute sa vie fut un cercle continuel de bienfaits; il prêcha et pratiqua la morale pure et pacifique de la nature; il aurait réalisé la république de Platon, et tracé quinze siècles plutôt le modèle de la législation admirable de Philadelphie, si l'ignorance, le fanatisme et la perversité des *Anitus* et des *Hérode*, qui exerçaient à cette époque dans la Judée, sous le nom de Tibère, empereur romain, le même empire que M. *l'abbé* de Montesquiou et M. Blacas d'Aulps, ont exercé sous Louis Stanislas-Xavier (depuis le 3 mai 1814 jusqu'au 20 mars 1815), n'étaient venus s'asseoir sur les monumens qu'élevaient sa sagesse et son génie, afin de les renverser. On s'irrita de sa douceur, on empoisonna ses discours, on calomnia jusqu'à son silence et ses paraboles, dont, par parenthèse, ses *seuls* disciples avaient la clef; et enfin, sa patrie ingrate, après lui avoir fait épuiser la coupe de l'opprobre, termina ses jours par l'affreux supplice des esclaves. O grand homme! que les hommages de la terre t'ont bien vengé des outrages du fanatisme! L'Orient pleura pendant plusieurs générations la mort d'Adonis, mais dix-huit siècles écoulés depuis ton supplice, n'ont pu encore altérer le caractère de grandeur imprimé sur ta tombe ! Je n'ai pas besoin de vains miracles (3) qu'on te fait opérer pour prononcer ton nom avec l'enthousiasme de la reconnaissance ; je n'irai point blasphêmer l'Etre-Suprême, en t'appelant son fils, mais si quelqu'intelligence humaine a mérité notre culte par ses mœurs, par ses lumières et par ses vertus, qui plus que toi a droit à l'apothéose ?

Les seuls dogmes religieux politiques et moraux que Jésus-Christ ait enseignés et pratiqués jusqu'au jour de sa mort, se bornaient en dernière analyse à ceux-ci : *Adore Dieu, observe les lois, aime ton prochain.* Si ce symbole n'eût pas été allongé pour le malheur et l'opprobre de l'espèce humaine, certes les deux mondes ne gémiraient pas sur la cendre de tant de millions d'hommes égorgés par le glaive de la loi. O mes concitoyens ! et vous tous, habitans des deux hémisphères, de tout pays, de toute taille et de toute couleur, puissiez-vous être réunis bientôt sous la loi de ce grand homme ! mais, de grâce, n'écoutez que lui et non ses interprètes.

Comme les détails auxquels nous venons de nous livrer, et que nous avons extraits mot pour mot, pour ainsi dire, de la *Philosophie de la nature (a)*,

______

(a) Cet ouvrage anonyme, dont il a été fait plusieurs éditions, et dans lequel il se trouve des chapitres entiers dignes

attestent que la religion du *prêtre* est aussi farouche et aussi détestable que la religion de *Jésus-Christ* est admirable et sublime, et que nous nous proposons d'ailleurs d'en administrer bientôt des preuves mille fois plus convaincantes encore, nous allons passer rapidement à l'examen et à la réfutation de la cinquième et dernière hérésie : oui, *hérésie.* Entendez-vous, M. de Bonald?

Observations sur la cinquième et dernière hérésie.

Si M. de Bonald avait lu avec attention les ouvrages que Montesquieu, Rousseau, Mably, Helvétius et d'autres philosophes non moins célèbres ont écrit depuis un siècle ou environ sur les inconvéniens, les abus et les dangers du gouvernement théocratique, le plus exécrable de tous ; si, faute de s'être pénétré dans sa jeunesse, des productions à jamais immortelles de ces rares et beaux génies, M. de Bonald avait au moins réfléchi sur les fléaux de tous genres et les calamités de toute espèce qui depuis l'établissement de son saint siége, ont affligé, désolé et dévasté les deux mondes ; si M. de Bonald enfin était assez grand ou plutôt assez juste pour convenir de ses erreurs et en faire une abjuration solennelle, il nous

---

de l'éloquence enchanteresse et philantropique de Jésus-Christ, est de M. Delille de Salles, membre de l'Institut.

semble qu'il devrait s'empresser de faire une nouvelle brochure et d'y insérer une rétractation qu'il
adresserait non seulement à ses concitoyens, mais
encore à tous les peuples de l'univers, et qui pourrait être conçue à peu près dans ces termes :

ADRESSE

AU PEUPLE FRANÇAIS ET A TOUS CEUX DE L'UNIVERS,

OU

Ma nouvelle profession de foi sur la Religion et la Politique.

> « L'Etat doit avoir la suprématie en tout. Ainsi la dis-
> « tinction d'une puissance temporelle et d'une puissance
> « spirituelle (*indépendante*) est d'une absurdité palpa-
> « ble. »   RAYNAL.

« Français, Européens, Américains, vous tous,
en un mot, que le Suprême Ordonnateur des
mondes a disséminés et répartis sur l'infiniment
petit globe que nous habitons : séduit et aveuglé,
dès le berceau, par les erreurs mystiques et sacer-
dotales dont on a imbu mon enfance, j'avoue que
je me suis rendu très-coupable en publiant, depuis
peu, une brochure dans laquelle, après avoir
poussé l'ignorance, l'aveuglement et le délire
jusqu'à inviter les monarques de l'Europe à *replacer le saint siége sur ses bases antiques, et
à en garantir pour jamais* L'INDÉPENDANCE,
j'ai eu l'orgueil et la sottise de prétendre que *la*

noblesse n'est ni un préjugé ni une usurpation, mais une institution naturelle et nécessaire de la société publique, aussi nécessaire, aussi ancienne que le pouvoir lui-même.

« Honteux, contrit et humilié de m'être rendu coupable d'une hérésie aussi ridicule et aussi déplorable, sous quelqu'aspect qu'on l'envisage, jaloux d'en faire le plus tôt possible une abjuration authentique, éclatante et solennelle, je déclare expressément par cette *adresse*, que « l'Etat n'est
« point fait pour la religion, mais que la religion
« est faite pour l'Etat, et qu'il ne doit en con-
« séquence y avoir qu'une seule et même juridic-
« tion partout où il ne convient qu'à l'utilité pu-
« blique d'ordonner ou de défendre; je déclare,
« en outre, d'après le principe que je viens de
« proclamer, et sur lequel reposent le bonheur, la
« gloire et la durée des Etats, qu'il ne peut, qu'il
« ne doit y avoir d'autre concile que l'assemblée
« des mandataires ou représentans des souverains;
« point d'autres canons que leurs décrets; point
« d'autres apôtres que les magistrats; point d'autres
« livres sacrés (4) que ceux qu'ils auront reconnus
« pour tels; ni d'autre culte (5) que celui qu'ils
« auront établi; je déclare enfin que l'église doit
« se taire quand l'Etat a parlé », et que ses ministres se rendraient coupables d'insubordination, et s'exposeraient à être punis comme des rebelles à la volonté nationale, si leur penchant irrésistible

à la domination universelle, ou leur amour exclu-
sif pour l'*indépendance* pouvait les enhardir à
porter la moindre atteinte aux principes éter-
nels et sacrés, qu'en expiation de mes fautes et
par forme d'amende honorable, je proclame solen-
nellement aujourd'hui à la face de l'univers. »

Paris, ... avril 1815.

Telle est, monsieur de Bonald, l'*adresse* dont
j'ai cru devoir vous ébaucher l'esquisse, et que
vous rédigerez sans doute dans des termes mille
fois plus purs, plus expressifs et sur-tout plus éloquens que les miens.

Comme vous êtes trop instruit et trop juste
pour prendre le change sur ce qui honore véritablement l'homme, je me plais à croire, monsieur
de Bonald, que vous aurez autant de satisfaction
à vous rétracter à la face de l'univers, que vous
devez éprouver de chagrin de l'avoir induit en
erreur. Si toutefois, par un beau zèle pour le
saint siége et un engouement outré pour la *noblesse,* vous vouliez absolument vivre et mourir
dans l'*impénitence finale ;* c'est-à-dire si, malgré
mes conseils et les raisons qui en prouvent la vérité, la sagesse et l'importance, vous persistiez à
prétendre que *la religion, son chef et ses ministres ont besoin plus que jamais de dignité, de
considération et d'indépendance* (a), quoique je

____

(a) Pages 50 et 51.

vous aie démontré les inconvéniens, les abus et les dangers d'un système aussi pernicieux ; si vous persistiez également à soutenir que la *noblesse est une institution naturelle, nécessaire de la société publique, aussi* nécessaire, *aussi* ancienne *que le pouvoir lui-même* (a), quoiqu'au fond vous sachiez mieux que personne qu'elle est contraire à la nature, nuisible à l'Etat, avilissante pour les citoyens, et créée depuis peu par l'ignorance, la vanité, l'orgueil et la sottise de ses fondateurs ; si vous persistiez enfin non seulement à mépriser mes avis, mais encore à me haïr pour avoir eu le courage de vous les donner ; alors je vous dirais avec cette franchise austère et républicaine dont j'ai toujours fait profession, que la justice et la vérité sont les premiers devoirs de l'homme, et qu'il ne peut jamais s'en écarter sans se rendre coupable. Ah ! monsieur de Bonald, puis-je l'être pour avoir combattu des hérésies aussi dange-reuses que les vôtres ? Répondez ; j'en appelle à vous-même, et me traduis dès à présent au pied de votre tribunal ; mais pour vous mettre à portée de rendre une décision digne de vous, de vos con-temporains et de la postérité, apprenez, M. de Bo-nald, qu'il faut vous faire d'abord une juste idée de la différence réelle et positive qui existe entre la religion romaine ou sacerdotale, c'est-à-dire celle

------

(a) Page 53.

du *prêtre*, et la religion chrétienne et catholique, c'est-à-dire universelle et véritablement fondée par *Jésus-Christ*. Apprenez encore que tous les hommes sont égaux aux yeux de la nature et de son divin auteur, et que dès lors le génie, l'héroïsme et les vertus sont les *seuls* titres qui puissent et doivent les distinguer de leurs concitoyens ; apprenez enfin, monsieur de Bonald, je vous le dis dans toute l'effusion de mon cœur, qu'il faut avoir plus d'amour pour la vérité que de crainte de déplaire au *saint siége*, à la *noblesse*, à tous les *potentats* de l'Europe et même à ceux du monde entier. Entendez-vous bien, monsieur de Bonald?

NOTES.

(1) Quoique dans les cours de ma vie, j'aie eu fort peu de relations avec les hommes, dont je me suis toujours éloigné plus par raison que par misanthropie, je n'en suis pas moins à même de pouvoir certifier que s'il existe des *athées*, on ne les trouve que dans la classe de ces gens que j'ai peints traits pour traits dans la première de mes brochures : « de ces gens, « ai-je dit, qui redoutent autant les vérités que les voleurs « craignent les réverbères, et sur qui la seule idée d'une ins- « titution libérale produit le même effet que l'aspect de l'eau « sur les hydrophobes ; de ces gens pour qui la maxime « asiatique, *si veut le roi, si veut la loi*, a tant de charmes « qu'ils la regardent sérieusement et de bonne foi, comme « une des plus belles conceptions de l'esprit humain ; de « ces gens enfin riches, puissans et trop nombreux, que « depuis 1789 on a toujours vu prêts à servir ou à com- « mander, selon que leur intérêt ou les circonstances sem- « blaient l'exiger. »

Tels sont, si je me trompe, les seuls individus parmi les-quels il serait possible, je le répète, qu'on trouvât quelques *athées*. Quant aux vrais républicains qui ont le cœur *pur* et les mains *nettes*, que les grands intérêts de l'Etat et le bonheur de leurs concitoyens occupent exclusivement, pour ainsi dire, depuis 1789, et dont les principes, sous quelque gouvernement que ce puisse être, sont aussi immuables que les décrets de l'Eternel, loin d'être assez pervers ou assez foux pour en méconnaître ou renier l'existence, ils savent pertinemment, et répètent sans cesse à leurs enfans, à leurs amis et à tous ceux qui les approchent, que rien n'existe dans l'univers sans la permission ou la volonté de son grand archi-tecte ; ils savent, et répètent sans cesse, que c'est cet Etre-Suprême qui donne un but à la justice, une base à la vertu et un prix à cette courte vie employée à lui plaire ; ils savent, et répètent sans cesse, que c'est lui qui crie continuellement aux coupables que leurs crimes secrets ont été vus, et qui fait dire au juste oublié : Tes vertus ont un témoin ; ils savent enfin, et répètent également sans cesse, que c'est lui, que c'est sa substance inaltérable qui est le vrai mobile des perfections, dont nous portons tous une image en nous-mêmes. Nos passions ont beau la défigurer, tous ses traits, liés à l'essence infinie, se représentent toujours à la raison, et lui servent à rétablir ce que l'erreur et l'imposture en ont altéré. Entendez-vous, M. de Bonald ?

(2) S'il faut en croire les inventeurs des *révélations* anciennes et modernes, dont le saint siége, ses chefs et tous leurs adhérens ne sont que de tristes copistes : Minos reçut son code de Jupiter ; Lycurgue, d'Apollon ; Numa, de la nymphe Egérie ; Zaleucus, de Minerve ; Xamoxis, de Vesta ; Charondas, de Saturne ; Manko Capak, du soleil ; Moïse, de Jehovah, etc. etc. etc. ; mais l'auguste et éternelle vérité, qui n'a jamais su tromper les hommes, même sous le prétexte de les instruire ou de les rendre heureux, leur atteste, au contraire, et leur crie sans cesse de l'extrémité de l'univers à l'autre, qu'il est faux et impossible tout à la fois que l'auteur de la nature ait révélé aucune religion. En effet, ou elles lui sont toutes bonnes et agréables, ainsi que l'a très-judicieusement observé Rousseau dans son *Emile*, autant que je puis croire, ou s'il en est une qu'il prescrive aux hommes, et qu'il les punisse de méconnaître, il lui a donné des signes certains et manifestes pour être distingués et connus pour la seule véritable ; ces signes sont de tous les temps et de tous les lieux, également sensibles à tous les hommes, grands et petits, savans et ignorans, européens, *aquiloniens*, *auroréens*, indiens, africains, sauvages.

Dans cette multitude innombrable de religions, presque

toutes inventées pour le malheur ou la honte de l'espèce humaine, s'il en était une sur la terre hors de laquelle il n'y eût
que peine éternelle, et qu'en quelque lieu du monde un seul
mortel de bonne foi n'eût pas été frappé de son évidence,
oui, j'ose le dire, ou plutôt le répéter d'après Rousseau, le
dieu de cette religion serait le plus inique et le plus cruel de
tous les tyrans. Entendez-vous, monsieur de Bonald ?

(3) Un miracle est la violation des lois immuables et éter-
nelles de la nature, c'est-à-dire une chose absolument
impossible, et que la Providence elle-même ne pourrait pas
faire ; car pour l'opérer, c'est-à-dire pour suspendre mo-
mentanément les lois par lesquelles l'univers se régit, il
faudrait qu'elle eût manqué d'intelligence en établissant ces
lois, ou que, semblables aux codes informes de nos législa-
teurs, elles pussent avoir besoin d'être réformées. Entendez-
vous, M. de Bonald ?

(4) Si j'avais la gloire ou le malheur d'être assis sur un des
trônes de la *chrétienté*, dussé-je encourir l'animadversion
de M. de Bonald, et même celle du saint siége, je n'hési-
terais pas un instant à établir une commission composée de
prélats aussi instruits, s'il était possible, et sur-tout aussi
bons chrétiens que M. Grégoire, ancien évêque de Blois et
membre de l'Institut, laquelle serait spécialement chargée
d'*épurer* l'Evangile. « Ce livre, dit Rousseau dans son
« *Emile*, plein de choses incroyables qui répugnent à la rai-
« son, et qu'il est impossible à tout homme sensé de croire et
« d'admettre ; » ce livre, dont la morale *apparente* apprend
qu'on peut s'emparer sans scrupule du bien d'autrui (*saint
Marc*, ch. xi, v. 2, 3, 4 et 6. *Saint Luc*, ch. xix, v. 3o et suiv.),
à haïr père, mère, enfans et ses proches (*saint Luc*, ch. xv,
v. 26) ; à armer le fils contre le père, les parens les uns contre les autres et les domestiques contre leurs maîtres (*saint
Math.*, ch. x, v. 35 et 36) ; ce livre, où l'on approuve la
violation des lois, où l'on impose en devoir la persécution,

et où , pour porter les peuples au brigandage , on fait du bonheur éternel le prix de la force et la conquête des hommes
violens (*saint Luc*, ch. xiv, v. 23); ce livre, où l'on fait dire
à Jésus, le plus doux et le plus sage de tous les hommes,
ainsi que je l'ai prouvé précédemment, qu'il n'est venu sur la
terre que pour la mettre à feu et à sang (*saint Luc*, ch. xii,
v. 49) ; ce livre enfin dont le sens, *nécessairement* allégori-
que et figuré, ne peut être saisi que par ces mortels privilé-
giés, ces *vrais* savans, en très-petit nombre , à qui la nature
et son divin auteur ont bien voulu révéler leurs mystères *les
plus* SECRETS , et que Virgile ne pouvait assurément mieux
signaler qu'en disant :

> Felix qui potuit rerum cognoscere causas,
> Atque metus omnes et inexorabile fatum
> Subjecit pedibus, strepitumque acherontis avari.

M'entendez-vous, monsieur de Bonald? Oui, sans soute,
serez-vous bien forcé de me répondre, puisque la franchise
et la bonne foi qui vous distinguent, s'il faut en croire la
juste renommée, ne le cèdent ni à vos qualités sociales qu'on
admire, ni à vos talens littéraires que j'estime , et que d'ailleurs l'Evangile s'explique dans des termes trop clairs et trop
précis, pour que vous puissiez ne pas en comprendre le sens
littéral; mais j'ai l'honneur de vous faire observer, et je vous
prie , Monsieur, de prendre en considération que les verbes
voir et *entendre*, ce qu'on lit ou ce qu'on écoute, ne sont pas
synonymes des verbes *concevoir* et *comprendre*. J'ai l'honneur de vous faire observer, en outre, que Jésus-Christ, le fondateur ou plutôt le rénovateur et le digne apôtre de la religion
catholique, c'est-à-dire universelle, ne s'est presque jamais
expliqué que paraboliquement et figurément, et qu'il a eu
ses raisons sans doute pour empêcher qu'on ne découvrît le
véritable sens de ses fables et de ses allégories, puisqu'il disait
confidentiellement à ses disciples, c'est-à-dire aux VRAIS *adep-
tes : Ideo loquor eis, quia videntes non vident et audientes*

neque intelligunt (*saint Mathieu*, ch. XIII, ver. 13). J'ai l'honneur de vous faire observer enfin que, malgré l'ardeur de vos vœux pour l'*indépendance* du saint siége, et l'excès de votre inviolable attachement à la religion de vos pères (dont ils n'ont pas mieux compris le sens que vous et le commun des martyrs), il faudrait un vrai miracle (et vous savez, Monsieur, que depuis long-temps il ne s'en fait plus), pour que vous puissiez un jour avoir le bonheur et la gloire de figurer parmi les *élus* et les vrais prédestinés dont parlait encore Jésus-Christ, lorsqu'en s'adressant à ceux de son temps, ainsi qu'à toutes les personnes qui se pressaient autour de lui pour le voir, l'entendre et l'admirer, il leur disait à la fin de chaque parabole : *Qui habet aures audiendi audiat* (*saint Mathieu*, ch. XI, v. 15), *aures* AUDIENDI ; entendez - vous bien, monsieur de Bonald ?

(5) Tous les *cultes* partent d'un tronc qui subsiste et qui subsistera à jamais, sans qu'on puisse l'attaquer, sans qu'on puisse prévoir la nature des branches qu'il repoussera, et sans qu'il soit permis d'espérer d'en arracher une seule qu'avec effusion de sang. Que faire donc, me dira-t-on sans doute, pour prévenir et empêcher un pareil malheur ? Faut-il, à l'exemple d'un peuple innocent et simple qui voyait l'embrasement religieux ou sacerdotal prêt à gagner sa paisible contrée, défendre de parler de l'Être-Suprême, soit en bien, soit en mal ? non certes. La loi d'un silence qu'on se ferait un crime d'observer, ne serait que de l'huile jetée sur le feu. Faut-il laisser disputer sans s'en mêler ? ce serait le mieux sans doute ; mais ce mieux là ne serait point sans inconvénient, tant que les premières années de nos enfans seront confiées à des hommes qui leur feront sucer, avec le lait, le poison du fanatisme dont ils sont enivrés ; et quand les pères deviendraient les seuls instituteurs religieux de leurs enfans, n'y aurait-il rien à craindre ? j'en doute. Encore une fois, que faire donc ? Telle est la grande question que je vais aborder, et qu'il me semble qu'on pourrait résoudre d'une

manière avantageuse pour la France et toutes les autres nations de l'un et l'autre hémisphère, en leur proposant un code religieux politique et moral exactement calqué sur celui du grand législateur qui naquit sous l'empire de Tibère, et dont j'ai *essayé* de reproduire, depuis peu, une copie très-informe dans mon *Bréviaire à l'usage de tous les peuples.*

La meilleure religion, y ai-je dit en substance, et la seule que, pour le bonheur des humains, il faudrait professer d'une extrémité de l'univers à l'autre, serait celle qui enseignerait beaucoup de morale, et qui rejeterait toute révélation, tous dogmes et tous mystères; celle qui tendrait à rendre les hommes justes, sans les rendre imbéciles, hypocrites ou fanatiques, en leur ordonnant de croire des choses impossibles, contradictoires, injurieuses au premier moteur et funestes au genre humain; celle qui ne soutiendrait pas sa créance par des tribunaux d'inquisition, des autodafés, et qui n'inonderait pas la terre de sang pour des sophismes, des paradoxes et des erreurs à peu près semblables aux erreurs, aux paradoxes et aux sophismes que vient de publier M. de Bonald; celle dans laquelle une équivoque, un jeu de mots: *Tu es* Petrus *et super hanc* petram *edificabo ecclesiam meam,* et deux ou trois chartres supposées, ne feraient pas un souverain et un dieu en quelque sorte, d'un *prêtre* qui, loin d'avoir les vertus d'un Ganganelli, d'un Pie VII, n'est que trop souvent le second tome d'un Alexandre, d'un Borgia, etc., etc.; c'est-à-dire d'un incestueux, d'un homicide et d'un empoisonneur; celle qui ne mettrait pas les rois sous la *dépendance* de ce prêtre, ainsi que le désire ardemment M. de Bonald; celle enfin que *Jésus-Christ* a constamment suivie, prêchée et pratiquée jusqu'à la fin de ses jours, et que je me propose d'expliquer incessamment, du mieux qu'il me sera possible, dans une petite brochure dont, à l'avance, je promets un exemplaire à l'auteur des *Réflexions sur l'intérêt général de l'Europe.* Entendez-vous, monsieur de Bonald?

FIN.